AF230550

DU DEVOIR

DES

100,000

ÉLECTEURS DU ROI.

IMPRIMERIE DE BETHUNE,

RUE PALATINE, N° 5.

DU DEVOIR

DES

100,000

ÉLECTEURS DU ROI,

De ses Fonctionnaires et de ses Ministres,

LORSQU'ILS ONT LAISSÉ METTRE EN QUESTION LE SALUT DE LA PATRIE.

par les Auteurs du Mémoire au Roi.

« *Quoi ! mes plus chers amis ! Quoi Cinna ! Quoi Maxime !* »

(Auguste, dans le *Cinna* de CORNEILLE.)

PARIS.

CHEZ G. DENTU, GALERIE D'ORLÉANS, AU PALAIS-ROYAL.

Voilà le train du monde et de ses sectateurs :
On s'y sert des bienfaits contre les bienfaiteurs.

(LA FONTAINE , *la Forêt et le Bucheron.*)

Les filles du limon tiraient du *Roi* des astres,
                Assistance et protection :

. . . .

Contre leur bienfaiteur elles osent cabaler,
                Et devinrent insupportables.
L'imprudence, l'orgueil et l'oubli des bienfaits....

. . . .

                Si l'on eût cru leur murmure,
                Elles auraient, par leurs cris,
                Soulevé grands et petits
                Contre l'œil de la nature.
Le soleil , à leur dire, allait tout consumer ;
                Il fallait promptement s'armer.....

. . . .

(*Le Soleil et les Grenouilles.*)

AUX ÉLECTEURS DU ROI.

Ce n'est point le Ministère, ce n'est pas le Roi, ce n'est pas même la *congrégation*, qui nous fait un *devoir* de vous rappeler des *devoirs*. C'est plus que tout cela, quelque grand que cela puisse être. Les Rois, les Ministres, les congrégations, les colléges électoraux, les chambres, les chartes même passent ; la *vérité*, le devoir, *seuls*, *demeurent*, et demeureront éternellement.

Il est encore, sans doute, le temps où les Rois disaient à leurs parlements : « *Jugez les parties, mais ne me jugez point*; » ou à leurs états-généraux : « Je vous assemble pour me mettre en tutuelle en vos mains, *envie qui ne prend guère aux Rois*, aux barbes grises, aux *victorieux*(*)... mais c'est *l'épée au côté*. »

Mais plus n'est le temps où les Ministres, impuissans à faire bien directement, employaient (c'était pourtant dans notre *bas Empire !*) jusqu'à Madame du Barry, à placer, dans le cabinet

(*) Henri IV aux Etats de 1596.

même du Roi , et jusqu'à sa vue , la représentation de l'exécution de *Charles*, afin de lui montrer les conséquences vivantes de la faiblesse des princes. Le Ministre qui a eu cette prévenance là pour le Roi dont le *dernier* mot fut de dire, *qu'il plaignait ses successeurs*, c'était MAUPEOU : qu'on dise à présent, que ce Ministre ne fut pas *grand!* Lorsqu'un Ministre donne des leçons de force et de pouvoir absolu à un Roi, et plus encore à un Roi dans un gouvernement représentatif, il fait le plus grand acte possible de popularité.

La raison de notre ouvrage est encore moins le désir des honneurs et des prétendues grandeurs du monde , dont heureusement nous n'avons pas eu besoin d'être désabusés par expérience : nous savons, au contraire, qu'en disant *hardiment* des vérités, qu'on ne voudra point faire *de la même façon,* nous nous exposons aux rigueurs, et surtout à l'abandon momentané, qui sont l'apanage des vérités hardies.

Le principe secret, et même visible, de cet écrit, comme de l'autre, c'est la conviction , profonde que nous éprouvons à la fois de leur vérité, et de l'existence de celui qui révèle toutes les vérités : nous ne connaissons pas sur nous d'autre puissance.

C'est, dans le fait, aux *Électeurs du Roi* seuls ,

que nous nous adressons : seuls, ils sont suscep-
tibles d'entendre, et peut-être de se rappeler, une
voix qui aurait pu être payée et qui ne le fut jamais; seuls, ils peuvent, sans inconséquence,
adopter des raisons qu'ils n'avaient fait qu'ou-
blier, suivre des conseils qu'il leur arriva, plus
d'une fois, de donner eux-mêmes.

Les électeurs libéraux ne nous entendraient
point : il y a long-temps qu'ils ferment les yeux
à la lumière , et que leur esprit est de *glace à la
vérité*, et *de feu pour le mensonge*.

Il y a long-temps, qu'ils ont résolu, dans leurs
passions, d'exclure, des *Conseils du Roi*, les amis
du Roi, par cela seul qu'il les demande; d'y faire
entrer, à *force* de menées, de sacrifices et de
voix (*), ceux que le Roi a lui-même signalés
comme ses ennemis.

Comment songerions-nous à convertir ces
hommes-là ?

Ils sont de bonne foi ;

Ils *boivent l'erreur comme l'eau.*

C'est à la lueur seulement des incendies de leurs
maisons, ou même à l'éclat de leur propre sang

____

(*) Et déjà d'attroupements, de menaces et de com-
plots. Les *Angevins* nous ont échappé le mot du *coup de
collier* de leur *Champ de Mars*, jusque dans sa *relation of-
ficielle* : « Le 6 juin, disent-ils, A PORTÉ LE COUP DE MORT
AUX ABSOLUTISTES. »

répandu, qu'ils sont condamnés à ouvrir des yeux fascinés, à sentir un cœur désenchanté, à renoncer à leurs *cinq cents instances* libérales, en un jour improvisées devant la seule Cour royale de Paris, (qui sait, du moins, en faire prompte justice); à gémir de leurs *lazzis* de halle (*) ; à connaître enfin leurs amis et leurs ennemis.

Et d'ailleurs, pour sauver l'État, pour sauver la charte elle-même (si la charte a besoin d'être sauvée) (**), le Roi n'a pas besoin d'électeurs décidément ennemis ;

Il n'a pas même besoin de l'art. 14 :

Il n'a besoin que de l'accord des *divers* électeurs royalistes, que du sacrifice de leurs fautes réciproques, de leurs mutuelles ambitions, et surtout de leurs jalousies secrètes.

Nos *défections* de tous genres, seules, ont fait les majorités, la supériorité, la hardiesse, les menaces, de nos adversaires réunis. Seules, nos alliances nous rendront la force, le triomphe et la majorité.

(*) Plaidoyer de M⁰ Benoist.

(**) Les libéraux électeurs, ou du moins les hommes (et il n'en manque point dans les 221), qui se font aujourd'hui les défenseurs si zélés de la charte, sont les seuls qui soient, au fond, capables de l'abolir : on se rappelle, ou plutôt on oublie toujours, que lorsqu'ils ont, une fois, eu le pouvoir, ce fut pour l'*annuler*, pour la *confisquer*, pour la *mettre en coupes réglées, au profit* de Bonaparte !

Les malheurs de la patrie sont des divisions de famille !

Nous nous adressons aux *Electeurs du Roi.* Mais ce n'est point pour leur parler de leurs *droits,* qu'ils connaissent assez; mais de leurs *devoirs,* qu'ils ne sauraient trop se rappeler.

Les DEVOIRS ! c'est la raison de l'existence morale de l'homme, c'est le moyen de son existence physique, c'est surtout le moyen de son bonheur.

Les *Devoirs ?* c'est encore la gloire.

Les DROITS? c'est la cause unique de tous les malheurs du monde; c'est aussi la honte.

Les *droits !* ce sont les prétentions; c'est l'*ordre légal* de l'orgueil ;

Les *Devoirs !* c'est l'oubli du *moi.*

L'obéissance d'une part, et la volonté de l'autre (et la volonté c'est *l'anarchie commencée*): ce sont là les deux chevilles ouvrières du salut des sociétés, et de leur fin.

Nous ne rappellerons point, sur le devoir d'obéissance, la doctrine de la religion de l'homme. On doit savoir assez que la *Religion de l'Etat* fait un devoir d'être *soumis aux puissances* légitimes. Selon elle, résister à une chose, résister à un homme quelconque, lorsqu'il ne nous demande pas le sacrifice de nos devoirs envers

Dieu , envers nos semblables , envers nous , c'est résister à Dieu lui-même !

Mais nous rappellerons la doctrine de la religion du grand citoyen , c'est-à-dire, du *Vendéen* : c'est la soumission au Roi, *quand même !*

Electeurs du Roi, vous l'accomplirez, votre *devoir* électoral, ou plutôt votre devoir royal : vous l'accomplirez d'autant mieux qu'il est, peut-être, et même probablement, le dernier, et celui dont vos véritables droits dépendent. Le Roi, de son côté, vous a, en fait de devoirs, donné l'exemple. Il a rempli ses *premières* obligations vis-à-vis de la chambre de 1829 : c'étaient les plus difficiles !

Vous sauverez, autant qu'il est en vous, la patrie ; le Roi fera le reste...

Voici des faits d'histoire, qui sont de nature à vous rassurer : ils renferment à la fois de grands exemples et de grandes leçons. Vous y lirez les devoirs du Roi et les vôtres., la garantie de votre victoire et de la sienne.

Le jour de votre convocation n'est pas un jour humain : c'est, pour la Monarchie, un jour de la Providence (*).

(*) C'est un fait, que *tous* les ministres, qui ne sont pas naturellement *providentiels*, voulaient fixer un *autre* jour, un jour *humain* !.... L'ORDRE DU 23 JUIN EST VENU D'EN HAUT.

C'est le 22 *juin*, que les députés du tiers se sont réfugiés (dans l'église de *Saint-Louis !*) à Versailles, pour déclarer l'indépendance, qui conduisait droit au 21 janvier.

C'est le 22 *juin*, que le frère de Charles **X** fut arrêté à Varennes (*).

C'est le 22 *juin*, que le frère de Charles X adressait aux Français cette proclamation, à jamais célèbre :

« Les Français n'auront pas appris sans douleur qu'une multitude, égarée par *quelques factieux*, est venue, à main armée, dans l'habitation du Roi, a traîné des canons jusque dans la salle des gardes , a enfoncé les portes de son appartement à coups de haches ; et là , ABUSANT AUDACIEUSEMENT DU NOM DE LA NATION , a tenté d'obtenir, par la force, la sanction que Sa Majesté a constitutionnellement refusée à deux décrets. Le Roi n'a *opposé aux menaces* et aux insultes des factieux que sa conscience et SON AMOUR POUR LE BIEN PUBLIC. Le Roi ignore QUEL SERA LE TERME où ils voudront s'arrêter ; mais il a besoin de dire à la nation française, que la violence, à quelque excès qu'on veuille la porter, NE LUI ARRACHERA JAMAIS

(*) C'est aussi le jour de l'abdication de Bonaparte en faveur de *Napoléon II !*

un consentement à tout ce qu'il croira contraire à l'intérêt public ; il expose sans regret sa tranquillité, sa sûreté ; il sacrifie même sans peine la jouissance des droits qui appartiennent à tous les hommes, et que la loi devrait faire respecter chez lui comme chez tous les citoyens. Mais IL A DES OBLIGATIONS SEVERES A REMPLIR ; ET, S'IL PEUT FAIRE LE SACRIFICE DE SON REPOS, IL NE FERA PAS LE SA-CRIFICE DE SES DEVOIRS. Si ceux *qui veulent renverser la Monarchie* ont besoin d'*un crime de plus*, ils peuvent le commettre. Dans l'état de crise où elle se trouve, le Roi donnera, jusqu'au dernier moment, à toutes les autorités constituées, L'EXEMPLE DU COURAGE ET DE LA FERMETÉ, QUI SEULS PEUVENT SAUVER L'EMPIRE ! »

C'était le 23 *juin*, même, que Louis XVI cassait les arrêtés du tiers Etat révolutionnaire ; et que son roi Mirabeau faisait son insolente réponse au Grand-Maître des Cérémonies !

C'était le 23 *juin* enfin, que l'Assemblée Constituante, en exécution de son usurpation, envoyait Péthion et Barnave à Varennes, s'assurer d'un Roi qui avait failli échapper à ses bourreaux!!! d'un Roi qui avait cru *devoir céder!!!*

DU DEVOIR

DES ÉLECTEURS DU ROI,

ET DE SES MINISTRES.

DES DEVOIRS DES ÉLECTEURS DU ROI.

Il faut, pour connaître les devoirs des électeurs du Roi, constater les droits du ministère.

Quels sont ces droits ?

Ceux du Roi personnellement, ceux du Roi tout entiers.

Toutes les objections que vous ferez aux droits du Ministre, vous devez (à moins de vous constituer en état d'hypocrisie) les faire aux droits du Roi individuellement.

Le ministère, c'est la royauté; c'est la royauté par excellence, et, si on peut le dire, plus que la royauté :

C'est la *royauté en action.*

Il est respectable, il devrait même être inviolable comme elle, et pour elle : la violabilité, ou, si l'on veut, la responsabilité, des premiers serviteurs des rois

a toujours précédé, annoncé, démontré, infaillible -
ment, la violabilité, et même la chute des rois !

En vain, vous direz que la charte, et plus encore
l'usage et *le droit commun*, mettent, entre les ministres et les rois, une *différence* qui va jusqu'à *l'opposition*. — La nature proclame leur identité ; et la nature a précédé les chartes, et leur survivra.

En vain, vous direz que c'est trop. — Si le ministère n'avait point les droits politiques du Roi, il faudrait dire que le Roi n'aurait point de droits politiques.
Car enfin, si le Roi a des droits, il peut les exercer ;
et il est démontré par l'expérience, aussi bien que par
la raison, qu'il ne saurait les exercer tous, et que l'institution, aussi vieille et aussi universelle que le monde,
du ministère, est fondée sur cette impossibilité.

En vain, vous direz que le ministère a souvent abusé,
et qu'il *pourra* abuser encore, de son pouvoir. — Les
rois ont abusé du leur, et pourront en abuser encore.
— La faculté *d'abuser* est la conséquence inévitable
de la faculté de faire usage ; et le Roi, et conséquem-
ment son ministère, ne saurait être libre de contenir,
d'élever, de conserver, la société, sans être libre de la
blesser : liez les mains au père de famille, il ne pourra
frapper son enfant innocent ; mais il ne pourra, non
plus, le relever s'il tombe, le punir s'il faillit, lui
essuyer les yeux s'il est dans la douleur.

Quels sont les devoirs du ministère sur les citoyens, en général, dans les élections ?

Tous ceux qui ont pour objet de les éclairer, de les diriger, de leur procurer le moyen de choisir de sages mandataires pour leurs besoins, des conseillers sages, respectueux, pour la monarchie que le Roi représente.

Mais, dira-t-on, le Roi, ou plutôt ses délégués, supérieurs ou inférieurs, connaissent-ils donc *mieux* que les électeurs, en général, les hommes capables de servir à la fois le pays et le Roi ? — Cela est évident, dans les cas ordinaires ; car les candidats à la députation, se trouvant obligés, dans nos mœurs, d'être à la fois riches et éclairés, et étant d'ailleurs en petit nombre, sont plus difficilement appréciables par la grande majorité des électeurs, que par le petit nombre des délégués supérieurs du Roi dans les provinces.

Cela est plus évident encore dans le cas particulier, où les 221, que le Roi, cette fois, repousse bien *de son libre mouvement*, sont restés long-temps, beaucoup trop long-temps, devant sa face !

On dira encore : « Les 221 n'ont fait que déclarer tels ou tels ministres *incompatibles*; il n'y a rien là de révolutionnaire. » — Sans doute, EN SOI ;

Mais, DANS SES CONSÉQUENCES, et même DANS SON ESPRIT, c'est autre chose :

Et qui, nous le demandons, des ministres du Roi, ou des électeurs, pris individuellement, sera le meilleur juge de ces deux points ?

Il y a, nous le savons, ici, une raison de *douter;* car

enfin, il est arrivé, trop souvent, que le gouvernement a, tour à tour, appelé ou repoussé les mêmes hommes dans les chambres ou dans le ministère; et rien ne prouve *mathématiquement* : que les 221 eussent, en obtenant le ministère qu'ils demandaient, renversé la monarchie et amené une révolution nouvelle; que le plus récent des ministères a le dessein, et soit dans l'obligation, de méconnaître les droits naturels du pays.

Mais, du moins, nous accordera-t-on :

Qu'il est bien permis de trouver dans les doctrines, dans les écrits, dans les associations, dans les hommes, dans les majorités numériques, de 1828 et de 1829, quelque petite affinité avec ceux de 1788 et 1789... (*);

Qu'il est permis de penser que, les hommes étant *les mêmes*, et la nature des choses aussi, les mêmes *causes* pourraient bien produire, par des *moyens* pareils, des *effets* semblables :

Qu'ainsi, il y a *doute* dans la question de savoir : si les 221 sont, ou ne sont pas, ces *constituants*, qui étaient *gros des conventionnels*, et qui, dans le fait, les laissèrent très-bien venir, et même les constituaient bien, la plupart, personnellement;

Qu'ainsi, il y a *doute* encore sur la question de la capacité et de la loyauté de M. de Polignac, de M. de Peyronnet ou de M. de Villèle (**).

(*) Si les *analogies*, qui demandent de grandes connaissances historiques, et même philosophiques, ne sont point à la portée de la grande majorité des électeurs, ce n'est point la faute du ministère, ni surtout celle du Roi.

(**) On peut encore considérer M. de Villèle comme ministre, malgré la prétendue *défection* dont il paraît l'auteur ou la victime.

Mais, dans le *doute*, n'est-ce pas, nous ne dirons point pour un électeur sage, mais pour un électeur qui n'est point déraisonnable, le cas de s'abandonner à cette famille des Bourbons, qui compte 114 rois, et PAS UN TYRAN (*) ; de livrer sa destinée à ce Roi, dont le frère aîné a réconcilié la France avec le ciel, avec tant d'héroïsme, le 21 janvier 1793, et dont l'autre frère n'est rentré sur le sol de la patrie qu'en partageant avec les électeurs la première prérogative de la couronne de saint Louis, de Charles V et de Louis XVIII ?

Nous voulons, pour un moment, que le ministère n'ait pas fait, ou ne soit pas présumé devoir faire, pour tels ou tels électeurs, ce qu'il eût dû, ou ce qu'il devrait faire ; nous voulons qu'il se soit, sciemment, rendu complice d'injustices à leur égard : est-ce là une raison pour exercer une vengeance politique dont la conséquence peut être la ruine de l'État ? Il est heureux sans doute

Ses anciens amis le représentent, assez visiblement, ou le représenteront, tôt ou tard, à côté du ministère et même au ministère. — Or, nous ne savons rien d'aussi rassurant pour les électeurs (en les prenant avec l'esprit qu'on leur a fait), que la confusion des trois hommes en question. Le langage parlementaire du parti de M. Villèle, le caractère plus décidé que téméraire de M. de Peyronnet, et la douceur connue de M. de Polignac, doivent, ce semble, exclure jusqu'à la crainte d'un retour à l'ancien régime. — Le Clergé luimême considère ce régime comme une corruption, et le repousse. — Quant à nous, c'est le jugement que nous en avons toujours porté.

(*)*Louis XI*, le seul Bourbon que l'histoire, gâtée par la douceur de tous les autres, ait osé appeler tyran, ne le fut qu'envers les grands seigneurs. Il en est de même des ministres de cette race : la plus partiale histoire de Richelieu ne lui a reproché aucune rigueur populaire.

d'avoir reçu des justices ou des grâces des rois ; mais il est beau d'avoir des rois pour débiteurs ! C'est le cas peut-être de l'un de ceux qui font entendre aujourd'hui la vérité à la France ; et il ne sache rien de plus glorieux.

Nous voyons assez bien, nous voyons trop bien, les avantages que ne nous fait point la monarchie des Bourbons : nous fermons les yeux sur le bonheur, peut-être, qu'il y a, de n'avoir point ce que le monde envie, et ce qui ne nous vaut, le plus souvent, que des regrets amers ! Nous oublions les maux que la seule existence d'une monarchie, même imparfaite, nous évite, la paix qu'elle nous procure, la jouissance de nos propriétés qu'elle nous garantit, la vie, même physique, que nous lui devons, et que nous lui payons d'un tribut toujours modique, alors même qu'il est onéreux ! « Un crime fait-il disparaître l'autorité royale, disait Shakespeare ? à la place qu'elle occupait, il se forme un abîme où tout ce qui l'environne se précipite. » — Nous ajouterons, avec Mirabeau : « le gouffre de l'anarchie est creusé par l'ambition et les factieux ; Décius s'y précipite ; le gouffre se referme : voilà l'emblème et la théorie de la royauté » ..... que nous devons à Louis XVI, à Louis XVIII, à Charles X.

C'était le sentiment intime des bienfaits de la monarchie qui produisait, dans nos pères, l'attachement qu'ils eurent toujours pour elle. « De toute ancienneté, dit Guichardin, la nation française ne porte pas moins de révérence à la majesté de ses Rois, qu'on fait à la Divinité (*). »

(*) Liv. II, n° 12.

Croyons-en donc, dans la grave circonstance où nous nous trouvons, où nous nous sommes placés nous-mêmes; croyons-en le Roi, et rappelons-nous ces paroles d'un écrivain célèbre, qui les a depuis malheureusement oubliées : « Quand le Roi parle SEUL, tout » doit obéir avec joie, dans un profond et respectueux » silence..,... Hésiter un moment à se soumettre à la » volonté royale serait un CRIME (*). »

Les libéraux, il est vrai, font aussi comme les royalistes, et mieux qu'eux, des promesses; ils les tiennent même, peut-être, plus exactement. Souvent on les voit porter jusqu'à la générosité les encouragements ou les récompenses. Mais les plus belles vertus sont des vices quand elles sont mal inspirées; elles sont des malheurs pour ceux qui semblent en profiter. Il faut *redouter* jusqu'aux *dons* de nos *ennemis*.

La coupe, qui renferme le plus subtil poison, peut être dorée; la vipère est souvent cachée sous les fleurs : « elle est faible et rampante (dit un homme qui la connaissait, et qui pourtant s'est laissé piquer par elle) vous pouvez l'écraser d'un coup de pied, mais elle vous tuera si vous la mettez dans votre sein » (**). Les philosophes, qui nous promettaient des lumières et du bonheur, ne nous ont donné que des torches et des impatiences. Les jacobins, que les libéraux sont appelés, sinon à constituer, du moins à laisser venir, nous avaient promis la liberté et le pouvoir : ils ne nous ont

(*) M. de Chateaubriand, *Monarchie selon la Charte.*
(**) *Ibid.*

jamais procuré que l'esclavage, les expropriations et la mort. Ils se mettent aujourd'hui à nos pieds, afin de se placer demain sur nos têtes. Sparte est pour le moment du danger, Constantinople pour celui du triomphe.

L'histoire recommence; mais elle ne change jamais !

DE LA NULLITÉ DES LOIS ET DE LA TOUTE PUISSANCE DES HOMMES.

Cette proposition est, dans le fond, aussi certaine, aussi mathématique, qu'elle semble extraordinaire.

Elle n'a besoin (comme les plus hautes vérités), pour devenir manifeste et incontestable, que du souvenir de deux faits manifestes et incontestables eux-mêmes, qu'on oublie :

I. Le fait, que les lois françaises actuelles, ayant plus d'auteurs et d'objets différents, et même opposés, étant toutes faites avec moins de sagesse ou moins de liberté, plus à la hâte; étant surtout plus nombreuses, aujourd'hui, qu'à aucune autre époque de la monarchie, oublient infiniment plus de cas qu'elles n'en prévoient, laissent plus de cas douteux (*) qu'elles n'en expriment d'évidents.

II. Le fait, que les *lois* les plus parfaites qu'il soit possible de faire, et même de concevoir, celles qui prévoiraient *tous* les cas de droits et de devoirs de *l'homme*, du *citoyen*, du *fonctionnaire*, auraient toujours besoin de *l'homme*, chargé à la fois d'en constater *l'existence*, de constater les *cas* de leur application, et d'effectuer cette application.

(*) Ceux qu'un certain président appelait *cas pour l'ami*, en marge de la grande majorité des *lois romaines*.

Les *lois*, la charte royale elle-même, on ne saurait se le dissimuler sans mauvaise foi ou sans ignorance, sont fondamentalement indifférentes. Elles laissent beaucoup, où presque tout, à l'*arbitrage* (c'est-à-dire apparemment à l'*arbitraire*) du juge ou de l'administrateur, du fonctionnaire, de l'*homme* enfin. C'est pour cela précisément que, de nos jours, le *métier* de législateur, et même celui *de roi* sont si désenchantés, et que celui de juge inamovible, celui d'administrateur, et jusqu'à celui de chef de bureau, sont, au contraire, si fort anoblis ! On dirait que nous ne voulons être électeurs, députés, ministres, et même propriétaires de journaux, que pour être conseillers d'État ou conseillers de Cours *souveraines*. La chambre des députés, la chambre même des Pairs, tout entières, sont des *moyens*. Elles ne furent jamais, aujourd'hui elles sont moins encore, des *objets*. Grâces à notre dégénération, nous aimons sans doute les honneurs ; mais ce que nous adorons, par dessus toutes choses, c'est l'importance personnelle et l'or : et ces deux choses, qui ne sont point dans les chambres, on les trouve, et souvent on les *cumule*, dans le cabinet (*).

(*) Le *cumul* des places, et surtout des traitements et des pensions, dans une grande société où se trouvent nécessairement une foule de capacités sans emploi, de besoins sans secours, de services sans récompenses, d'injustices sans *réparation*, le cumul, que nous regardons comme une honte et un malheur pour ceux qui en jouissent, est l'une des plus grandes fautes que puisse commettre un gouvernement ; c'est l'une des causes les plus certaines, quoique cachées, des mécontentements, des jalousies, des haines, des désespoirs, des meilleurs citoyens, et par conséquent l'une des causes des révolutions.

La double vérité de la vanité des lois et de l'omnipotence des hommes est, on peut le dire, le fondement de la société.

Elle ne fut jamais niée que par ceux qui ont voulu détruire, ou par ceux qui venaient de ruiner le gouvernement légitime dans ses fondements :

Les premiers, qui voulaient personnellement avoir l'autorité, devaient, nécessairement, faire la satire des *personnes*, et l'apothéose des *choses*. Ils étaient, logiquement, forcés de mettre, dans leurs principes et dans leurs écrits, les *lois* au-dessus des *hommes;* sauf ensuite à mettre, à leur profit, les *hommes* au-dessus des *lois*.

Il faut avouer que cette façon de raisonner, cette tactique de révolution, n'est pas difficile :

Les meilleurs fonctionnaires catholiques, ou royalistes, disent des sottises, commettent des fautes, et quelquefois des crimes; ils sont *hommes* enfin. D'un autre côté, les peuples sont naturellement méchants : ils aiment à répéter les nouvelles de mal, à entendre si-

On l'a dit récemment à la Cour royale, nous le répétons aujourd'hui à tout le monde : c'est l'injustice seule qui fait les libéraux. Le premier *coup d'Etat,* auquel devrait songer le ministère, pour préparer et pour obtenir de bonnes élections, pour se faire pardonner ses anciennes fautes ou ses nouvelles, pour se faire pardonner son existence peut-être..... ce serait un *coup d'Etat* contre les royalistes d'abord, ensuite contre les libéraux, qui ont des avantages disproportionnés avec leur mérite ou avec leurs besoins, et contre ceux-là surtout qui ont des emplois supérieurs à leurs capacités ! Ce coup d'Etat, auquel tout le monde (libéraux et royalistes) applaudirait, et dont ne pourraient, sans rougir, se plaindre ses prétendues victimes, tiendrait peut-être lieu de tous les autres coups d'Etat. — On ne le fera point. — On fera les autres. — On périra au milieu.

gnaler les *abus.* Ils appellent, ils acceptent, d'avance, les calomniés, et surtout les *personnalités.*

Les *lois,* au contraire, sont toujours innocentes et même vertueuses : comment pourraient-elles ne l'être pas ? elles sont des *choses, ...* elles ne sont *rien.* Les écrivains ou les orateurs qui les prônent ne blessent pas plus l'amour propre de leurs dupes, que le leur : toutes les passions s'en trouvent bien.

Si les apologistes des *lois* ont beau jeu, les apologistes des *hommes* en ont un assez mauvais : le premier obstacle que les passions publiques leur opposent, c'est une *fin de non-recevoir.* Et il n'est pas rare aussi de voir, dans cette lice littéraire, les hommes les plus habiles, vaincus, en apparence, par les sots, et les plus grandes erreurs, les doctrines les plus effroyables, prédominer long-temps sur les vérités les plus nécessaires.

De là le *protestantisme,* qui lit la *Bible,* et qui a horreur d'ouïr le *prêtre;*

De là la *philosophie,* qui veut la *raison,* l'*opinion* publique; et qui se rit à la fois de la *Bible* protestante, et du *ministre* qui l'entretient (en la *commentant !*) pure de commentaire;

De là la *politique* moderne, qui met la *loi* au-dessus du législateur, la *charte* au-dessus de Louis **XVIII**, l'œuvre au-dessus de l'ouvrier, l'effet enfin au-dessus de son *Pouvoir constituant* (*).

De là le *jacobinisme,* qui veut la *chose* publique, la

______

(*) «Il *n'y a point en France d'autorité supérieure à la loi; le Roi ne règne que par elle; et quand il ne commande pas au nom de la loi,*

République (c'est-à-dire, comme on sait, la *chose* publique), et qui, d'un autre côté, envoie les *rois*, les *nobles*, les *prêtres*, à l'échafaud;

De là l'*athéisme* qui met la *nature*, la *créature*, au-
dessus du Dieu !.

Les véritables catholiques, les royalistes vrais (car
il y en a de faux auxquels nous préférons les protestants
et les libéraux) n'ont jamais cessé, au contraire (*), de
laisser le monde dans son ordre naturel :

Dieu d'abord,

Le Souverain Pontife et les Évêques,

Le Roi ensuite, et les chambres, *si !*

IL NE PEUT EXIGER L'OBÉISSANCE. » (*Plan de constitution* de 1789, rédigé
par l'assemblée constituante, chap. 2, art. 1er). — Ce principe est
répété mot à mot dans la *Constitution de* 1791, section *de la Royauté
et du Roi ! ! !* — On le retrouve d'ailleurs partout : dans la *Déclara-
tion des droits* de Mirabeau, art. 4 et 5 ; dans celle de Robespierre,
art. 22, etc., etc.

« Je suis (écrivait Thomas Payne aux auteurs du *Républicain*, au
mois de juin 1791) citoyen d'un pays qui ne connaît d'autre majesté
que la majesté du peuple, *d'autre souveraineté que celle des lois.* »

La philosophie et le libéralisme mettent souvent le *peuple souverain*,
ou le *peuple* tout simple, à la place du *Roi*, et même de la *loi :* c'est
qu'alors, évidemment, *personne* ne pouvant se dire *peuple*, le *peuple*
est l'équivalent de *loi*, de *chose*, de *néant*.

Le premier exemple que nous connaissions, est celui de l'*ordon-
nance* du 11 août 1789, *concernant la main forte à donner par les
troupes.* « Le serment, dit l'art. 5, sera : Nous jurons de rester fidèles
à la nation, au Roi et à la loi, et de ne *jamais* employer ceux qui seront à nos ordres *contre les* CITOYENS, etc. » — Ce qui fut *promis*,
comme on sait, fut exécuté.

(*) « Partout, dit Condorcet, partout (jusqu'en 1789) l'autorité
des *hommes* était substituée à celle de *la raison.* »

(*Esquisse sur les Progrès de l'esprit humain.*)

Les ministres, *quand même!*

Les conseillers d'État,

Les administrateurs, (qui *préviennent* le mal);

La magistrature,

Les employés de tous les ordres, (qui le *réparent*);

Et puis, après cela, les *lois*, voire même la *charte*;

Les *créatures* après les *créateurs*;

Les lois *visibles*, comme le Jupiter de Phidias, les *lois vivantes* enfin, avant les *lois mortes* ou *muettes!!*

Les *lois* ne sont rien, les *hommes* sont tout. Depuis Aristote (*) jusqu'à M. Necker (**), depuis M. de Lameth (***) jusqu'à M. Ancillon (****), depuis Fox (*****)

(*) « Un gouvernement, dit *Aristote,* où les lois seules commanderaient ferait un royaume *divin.* » — C'est dire assez que *l'ordre légal* de M. de Martignac est une chimère, ou plutôt un principe de révolution.

(**) «La *loi,* dans son *abstraction,* dit M. Necker dans ses *Mémoires,* la loi, dans sa *nudité* métaphysique, *ne pourrait* en imposer à la multitude, et c'était à soutenir son empire de toute la puissance de l'imagination, que *tant* de *vieilles* opinions avaient été consacrées. »

(***) «Les *lois* seront toujours bonnes, quand ceux qui seront chargés de les faire exécuter ne pourront avoir pour but que l'intérêt général. »(M. de Lameth, *Discours sur la loi d'élections* de 1820.)

(****) « Pope disait que le meilleur gouvernement était celui qui était mieux administré.... La meilleure *constitution* laisse nécessairement *beaucoup* de choses dans le vague et les abandonne à la volonté de ceux qui gouvernent. »(M. Ancillon, *Mélanges.*)

(*****) « ...Combien est vaine, combien futile, combien présomptueuse l'opinion *que les lois font tout!....* Combien faible et pernicieuse est la conclusion qu'on en tire, qu'*il faut s'occuper des choses et non pas des hommes.* » (Fox, *Histoire des deux derniers rois de la maison de Stuart,* tom. 1, pag. 84, de la traduction française.)

jusqu'à M. *Portalis* (*) et M. de Chateaubriand (**), tout le monde, après tout, en convient, ou le sent : c'est encore en convenir. Nous avons sans cesse la question des *lois* sur les lèvres : celle des *hommes* est dans notre cœur. Ouvrez tous les livres, entendez toutes les conversations; voyez même le but secret (toujours visible) des *lois* que nous proposons, ou que nous attaquons : c'est le profit que nous devons en recueillir; ce sont les *fonctions* qui doivent en résulter pour nous. L'*humanité*, premièrement; subsidiairement la *loyauté*, ou, si l'on veut, la *légalité*, l'*ordre légal*, etc. M. Royer-Collard avait le sentiment, et il donnait à la fois l'exemple et le précepte de cette grande vérité, lorsqu'il disait, des libéraux, devenus ses amis depuis, qu'ils étaient les « AMIS DE L'ORDRE, MAIS LES AMANTS DE LA PUISSANCE » !

Le fait, ici comme ailleurs, vient toujours, et excellemment, au secours de la doctrine. Les protestants qui crièrent contre le clergé catholique, se firent clergé, évêques, papes même, c'est-à-dire *hommes*, à leur façon. *Jean-Jacques*, *Voltaire*, et *Montesquieu* ne prônaient la *raison* et l'*opinion publique*, que pour mettre *leur opinion*, leur amour-propre, leurs *personnes* même à la place. Les *personnes* politiques de 1789, de

---

(*) « La *distinction du souverain et du gouvernement* est aussi subtile que dangereuse : car elle suppose qu'il est dans la société un pouvoir au-dessus de tous les pouvoirs, ce qui est *subversif de tout ordre social.* » (*De l'usage et de l'abus de l'esprit philosophique*, tom. 2, p. 319.)

(**) « On n'a qu'*un seul* moyen de se sauver, c'est de combattre les *hommes* démocratiques par des hommes monarchiques. » (M. de Chateaubriand, *Monarchie selon la Charte.*)

leur côté, n'ont point tardé à fouler aux pieds *la chose publique*, la *république*, les *biens* et les *lois* publiques. Et, dans le fait, ils ont réalisé leur haine profonde pour les *personnes :* ils les ont humiliées, dépouillées, détruites, comme les *choses.* Ils commencèrent par faire, contre elles, des *lois* de mort. Non contents d'être législateurs des vengeances qu'ils leur réservaient, ils voulurent encore être à la fois dénonciateurs, témoins, juges et exécuteurs, de leurs victimes... Seulement les *personnes* des législateurs étaient, cette fois, les coupables, et leurs *lois*, étaient des crimes. Les libéraux feraient-ils donc une menace préméditée aux royalistes, lorsqu'ils portent si haut les *lois*, et montrent un si amer dédain pour les *individus* !

Nous avons, sinon démontré, du moins fait sentir, l'indifférence des *lois*, et l'importance exclusive de leurs *organes.* Il résulte de là une grande vérité nouvelle, et qui n'a pas échappé à tout le monde :

C'est que le gouvernement le plus monarchique en apparence, peut être républicain au fond; comme la république, la plus visible, peut se trouver en réalité une monarchie, et même une monarchie despotique. «Le même gouvernement, dit Aristote, peut, tour à tour, faire le bonheur ou le malheur des peuples ». Les gouvernements, enfin, les plus opposés sont à peu près semblables. Il y avait, à Athènes, *un* homme au milieu de l'aréopage. Il y en avait *un* au milieu du *forum.* Et ainsi à Rome, où l'on voyait les flots du *peuple* prétendu *roi*, tomber aux pieds des Scipions ou des Gracches, de Sylla ou de Marius, long-temps avant d'expirer aux pieds d'Auguste ou de Tibère. Nous en sommes encore, à cet égard, où en étaient les Grecs et les Romains. Nous avions des *chartes*, des *assemblées*, des *élections*, des *oppositions*, des *défections*, et même du *journalisme*, sous Richelieu ; comme nous avons aujourd'hui encore, bien plus communément qu'on ne pense, jusques au sein de nos chambres, des censures et même des *inquisitions*, des commandements, des lettres *de cachet*, des *bastilles* et peut-être jusqu'à des *jugements par Commissaires* !

Nous sommes même profondément convaincus que nous en avons davantage.

Nous avons établi l'omnipotence des fonctionnaires publics : nous allons en voir les rigoureuses conséquences.

DU DEVOIR POUR LE MINISTÈRE DE RÉVOQUER SES DÉLÉGUÉS EN GÉNÉRAL.

> « *Craignez qu'en votre sein ce serpent élevé,*
> *Ne vous punisse un jour de l'avoir conservé.* »
>
> (RACINE , *Andromaque.*)

Soulevons tous les voiles, et allons droit à la chose.

La grande cause des attaques dirigées contre le ministère, le crime inoui, irrémissible, qui lui est imputé, c'est l'obligation où il s'est placé, de choisir, pour auxiliaires, des hommes doués de la triple qualité d'honnêtes, de royalistes et de religieux; de *se mettre* enfin, selon le *mot d'ordre* du Roi régnant , *au milieu de ses amis et de tendre la main aux autres;* et par conséquent (car il n'y a pas moyen de donner des places sans en ôter) de déplacer ses adversaires, de leur retirer ses grâces ou sa protection.

Or, le ministère ancien , que le ministère du 19 *mai* est naturellement obligé de renouveler, en ce qu'il a fait de monarchique, avait destitué *un* avocat-général à la Cour de cassation (*).

Il avait destitué *un* procureur-général à Rennes (**).

(*) M. Fréteau.
(**) M. Bourdeau.

N'avait-il pas même destitué des corps en masse : l'école normale de l'Empire, l'école de médecine de Paris, l'école de droit de Grenoble, une partie de celle de Paris, l'école des métiers de Châlons, l'école de Sorrèze, et nous ne savons quelles encore ?

Il avait dissous jusqu'à la garde nationale parisienne.

Il avait destitué, pour fait d'élection, un notaire certificateur à Soissons, un procureur à Joigny, un huissier à Paris, et même un exécuteur des hautes-œuvres quelque part ?

Il avait cessé de payer pension, notamment, à un géomètre, et en dernier lieu à un prétendu publiciste (*).

Voilà les griefs; voici la démonstration, nous ne dirons pas de l'innocence du ministère sur ce point, mais de sa vertu et de son courage politiques. Cette démonstration est si simple, si évidente, si incontestable même, que nous ne sommes surpris que d'une chose, c'est d'avoir à la présenter.

Le droit de suspendre, de révoquer, un fonctionnaire est un droit éminent de la souveraineté, quelle qu'elle soit, monarchique, aristocratique ou républicaine, (s'il est vrai qu'on puisse appeler souveraineté, l'anarchie un moment réglée, et qui n'en est au fond que l'absence.)

Le droit de révoquer est le corrélatif nécessaire du droit de choisir et d'instituer :

Je me suis trompé dans le choix d'un fonctionnaire;

(*) MM. Legendre et de Montlosier.

le fonctionnaire a cessé d'avoir les conditions d'éligibilité, ou de pratiquer l'obéissance, sans lesquelles il ne lui est plus possible d'accomplir ses fonctions ; ou même il a trompé ma religion, n'ayant pas ces conditions d'éligibilité, et me faisant croire qu'il les avait.

Se pourrait-il, par hasard, que, dans une société quelconque, et sous une religion qui nous représente un Dieu bon, il y eût des maux *nécessaires* et *inamovibles?*

Non. Le mal est *facultatif*; l'homme est libre de le faire, mais il est coupable s'il le fait. La destitution d'un fonctionnaire incapable, ou prévaricateur, n'est donc pas seulement un droit, c'est encore un devoir.

La sottise de l'inamovibilité en général, comme toutes les sottises, se reconnaît à son effet : c'est la démocratie, la souveraineté du peuple, la révolte enfin, dans toute la force des mots. Un fonctionnaire subalterne est souverain, il est roi, du moment que le souverain n'a pas la puissance de le révoquer.

Le droit de révocation a été reconnu aussi dans tous les temps et chez tous les peuples. Il est écrit dans toutes les législations : la *charte*, en France, le proclame, en n'y faisant qu'une exception en faveur des juges, et qui encore n'existe pas (*).

Il a été pratiqué dans l'ancienne monarchie française, comme dans la nouvelle; sous la Convention et

(*) L'article 58 de la charte doit se combiner, en effet (en conséquence de son art. 68), avec une législation ancienne, qui autorise, en certains cas, des moyens de suspension, et même de destitution d'un juge inamovible.

sous l'Empire, comme sous le ministère de M. Decazes; avant M. de Peyronnet, comme depuis. Seulement, selon que le gouvernement a été bon ou mauvais, monarchique ou révolutionnaire, le droit, dans le fait, a été bien ou mal exercé.

Il y en a une preuve en un mot, et sans réplique : depuis 1789 à 1830, les subordonnés du ministère, depuis les autorités les plus grandes, jusqu'aux plus petites, ont fini par être, ou paraître, semblables au ministère.

Tous les hommes d'État libéraux ou révolutionnaires l'ont sans cesse écrit ou avoué : il n'y a pas jusqu'à l'opposition libérale qui, aujourd'hui, ne reconnaisse le besoin, et la légalité, du droit de destitution alors même qu'elle semble le combattre (*), et si elle

(*) *Carnot* : « C'est lors de la conspiration de Babœuf, et surtout à la vue du danger de l'État à la dissolution de la légion de police (1) que je sentis la *nécessité* d'exclure enfin des places cette foule d'êtres immoraux et *incorrigibles* qui portaient le désordre dans toutes les parties de la république. » (Sa *défense*, pag. 131.)

M. Fiévée : « Le gouvernement ne *doit* à personne sa confiance et ses places. Il faut éloigner non-seulement les gens qui ont commis des crimes, mais ceux qui ont des opinions dangereuses. Toute opinion qui tend à ébranler l'État est le plus grand des crimes politiques. La sûreté de l'avenir dépend de l'éloignement de tout ce qui tient à la révolution..... La *première* condition da la garantie de la monarchie est dans l'épuration des préfets. » (*Correspondance administrative*, etc.)

M. de Chateaubriand : « *Des épurations en général. — Que les épurations* PARTIELLES *sont une injustice. — Sur l'incapacité présumée des royalistes, et la* PRÉTENDUE *habileté de leurs adversaires.*» (Titres textuels des chap. 70, 71, 72, etc., de la *Monarchie selon la Charte*.)

(1) La même nécessité se renouvelle. Le *ministère de la police* sera renouvelé, et celui des *travaux publics* détruit.

paraît s'en tenir à la destitution des ministres , c'est qu'elle sait très-bien qu'elle obtient, par là, celle d'une

M. Etienne : « Si nous avons des amis ou des *serviteurs* qui nous *contrarient* dans nos desseins, nous rompons avec eux ou nous les congédions. On ne saurait refuser au Roi le droit du plus obscur citoyen. » (*Minerve, Lettres sur Paris*, 18 mars 1818.)

M. Benjamin Constant en l'an V , Discours *ad hoc* prononcé au *cercle constitutionnel.* — « Il est *bien démontré* que les républicains *seuls* peuvent faire aller la république.... *L'impartialité*, en fait de distribution de places, n'est qu'une folie et un crime. Pour faire marcher la liberté, il faut être *partial* pour la liberté...... Que les royalistes vivent paisibles, *mais sans puissance, mais sans éclat, et frappés d'une nullité salutaire,* qu'ils ne puissent JAMAIS, s'introduisant dans les fonctions publiques, entraver notre carrière.... Il ne faut pas que, sur l'étendue de la république, il se trouve DANS UNE FONCTION QUELCONQUE, et surtout dans l'électorat, depuis le commis le plus subalterne du bureau le plus obscur, jusqu'au ministère, UN SEUL HOMME, qui ne porte en son âme la certitude de la durée de la république, et l'abandon du plus entier dévouement pour elle...... Le pouvoir *salutaire* des destitutions.... Le repos doit être le partage de tous ; mais *la puissance* et le plaisir (c'est charmant !) doivent appartenir EXCLUSIVEMENT aux républicains , etc., etc. »

M. Benjamin Constant en 1816 : « Quant aux *destitutions* dont on fait un crime au ministère actuel, ces mesures, en supposant tous les faits exacts, me semblent une *conséquence naturelle* de notre constitution. Je ne conçois pas que l'on imagine devoir conserver des fonctions sous une administration qu'on attaque. Je ne conçois pas que les membres de l'opposition veuillent réunir les profits de la faveur et les honneurs de l'indépendance. Il faut choisir entre sa conscience, ou même son parti, et la bienveillance ministérielle.»

M. Benjamin Constant en 1826 : (car à cet égard il a toujours été constant) (1). « Il est vrai qu'avec mes collègues du département de la Sarthe, j'ai demandé la *destitution* d'hommes qui ne servaient pas

______

(1) La devise de cet homme, dans lequel M. de Chateaubriand trouve *le seul homme d'esprit du parti libéral*, est, comme on sait : « *Solà inconstantià constans.* »

foule de fonctionnaires à leur suite, et qu'elle redoute aussi bien, et souvent plus qu'eux (*).

Franchement, comment un fonctionnaire pourrait-il raisonnablement se plaindre d'être amovible? Le Ministre l'est bien !

Sait-on ce qui se pratique à cet égard dans cette Angleterre, que nous avons la manie d'imiter en ce qu'elle a de mauvais, et de dédaigner en ce qu'elle a de bon ? « Le général, le ministre, l'homme en place quelconque, dit Delolme, ne sont tels que par la continuation du *bon plaisir du roi* (**).... Les malheurs de Charles Ier n'arrivèrent que parce qu'*il perdit la tête*, et re-

le gouvernement représentatif, et *je soutiens qu'on avait le droit de les destituer;* mais *observez* que je n'ai pas demandé des destitutions contre ceux qui n'avaient pas voté dans tel ou tel sens. Les ministres destituent maintenant ceux qui ne veulent pas être leurs instruments serviles. » (Séance de la Chambre du 9 avril 1826.)

L'aveu du député libéral est positif. Son observation seule est une inconséquence, ou, si l'on veut, une défaite.

M. de Martignac, ministre : « Nous sommes bien *déterminés* à conserver les fonctionnaires qui voudraient marcher avec nous ; à déclarer au Roi qu'il nous est impossible de marcher si nous rencontrons dans ceux qui partagent notre administration, des obstacles, au lieu de trouver des auxiliaires. » (Réponse à M. Jobez qui, sur 86 préfets, demandait la destitution de 81.)

(*) C'est ce qui est arrivé, lors de la chute de M. de Villèle, à MM. Franchet, Delavau, Cornet-d'Incourt, etc. La même chose était arrivée sous le ministère du petit Richelieu qui, en donnant à Camille Jordan la place au conseil d'État, qu'il ôtait à M. Benoist, dit à celui-ci : « Nous voulons certainement pour fonctionnaires des hommes qui aient de la conscience : mais nous voulons de plus qu'ils aient *nos* principes. »

(**) Nos voisins les Anglais, étant plus sujets que nous aux malheurs attachés à la supériorité des *lois* sur les *hommes*, semblent aussi les avoir mieux reconnus : « Tant que j'aurai le pouvoir de

nonça au pouvoir de dissoudre son parlement. » Si le prétendu principe de l'indépendance du fonctionnaire eût existé chez nous, dans l'ordre administratif, ainsi qu'il existe dans une partie de l'ordre judiciaire, nous ne craignons pas de le dire, la restauration n'aurait pas eu dix ans d'existence. Le ministère qui n'aurait pas le droit de révoquer les fonctionnaires de son département, n'aurait pas la seule puissance qu'on n'oserait pas, sans doute, lui nier : celle de subsister un seul moment.

Comme le ministère est dans l'habitude d'ôter aux hommes qui s'efforcent de le contrarier, les places amovibles, il leur ôte aussi les pensions qui ne leur sont données qu'à titre précaire. Les deux droits sont les mêmes, parce qu'ils sont fondés sur le même devoir ; et leur exercice doit être le même, parce qu'il est fondé sur les mêmes avantages.

Et dans le fond (pour ne citer que les exemples le plus mémorables) était-ce par hasard des iniquités sociales, sous une monarchie catholique, que la révoca-

nommer les *juges* et les *évêques,* je suis sûr d'avoir des *lois* et un *Evangile* qui me plairont. » — Dans le fait, les rois ou les ministres de ce pays-là, qui ne se sont pas contentés d'en avoir le nom, et qui n'ont pas voulu subir les insolences de l'indiscipline, ont fait, à cet égard, de très-beaux exemples. Il s'agissait d'une pétition du genre de celles dont la chambre des députés s'est plus d'une fois occupée en France. « Je ne sais, dit M. Pitt, pourquoi le Roi a congédié cet officier ; peut-être sa physionomie a-t-elle déplu à S. M. Quoi qu'il en soit, le Roi a fait ce qu'il était maître de faire, et il n'en doit compte à personne. » Cette singulière hyperbole exprimait, par son exagération même, à quel point, dans la pensée du ministre, il était important, pour la sûreté de l'Etat, que le pouvoir royal fût

tion d'un magistrat (*) qui eût fait entendre au besoin des maximes républicaines, et dans la même enceinte qu'un de ses prédécesseurs (**)? Était-ce encore une injustice, dans une monarchie légitime, que la révocation d'un fonctionnaire (***), dans le brevet duquel le Roi place, plus particulièrement, la condition de l'amovibilité (****), et dont la réception solennelle n'avait paru à la seconde restauration, ainsi qu'on l'a dit, qu'une façon d'*entérinement de lettres de grâce?* Serait-ce enfin une iniquité politique, dans une monarchie chrétienne, que le retrait d'une pension payée à l'auteur de perpétuelles diffamations contre tout ce qu'il y a de sacré dans les choses, et même dans les personnes, de l'Église et de l'État, sous le nom de *Mémoire à consulter* et de *Dénonciation*? A ce train il faudrait laisser à la sœur de Robespierre la pension que les héritiers politiques de celui-ci lui avaient sans doute assignée par reconnaissance !......

Et après tout quel est donc le nombre si grand de destitutions et de privations de pensions, que l'ancien

absolu. Aussi la sagesse de cette réponse fut-elle admirée, et la chambre des communes ne jugea pas même digne de son attention un objet si évidemment hors de sa compétence.

On sent, d'après cette jurisprudence, que les fonctionnaires supérieurs doivent, en Angleterre, être plus soumis au dévouement que les autres : Fox fut rayé de la liste des conseillers d'Etat pour avoir bu *à la santé du peuple*, etc.

(*) M. Bourdeau.
(**) M. Lachalotais.
(***) M. Fréteau : et encore il a été réintégré dans ses fonctions !
(****) « Pour exercer, dit le brevet, *tant qu'il nous fera plaisir.* »

ministère renouvelé ait exercées dans la masse innom-
brable de fonctionnaires de tous ordres que renferme le
royaume? A peine, dans chaque localité, l'homme qui
regarde aperçoit quelques grandeurs déchues ou nouvelles (*). Encore , ici , il est vrai de dire que les dé-
placements paraissent des *révolutions*, parce qu'ils se
montrent tout seuls.

(*) Il résulte des statistiques intéressantes qui caractérisent le
Temps (appelé le journal des 70 de la gauche), qu'il n'y avait rien
moins que 96 FONCTIONNAIRES AMOVIBLES dans les 221 immortels.
— On peut juger, par le grand nombre des fonctionnaires *députés*,
le grand nombre des fonctionnaires *commettants*, que leur *amovibilité*
n'a pas empêché *de tirer des coups de canon sur les Tuileries* (1). La
royauté, qui laisse les républicains dans le sanctuaire de la monarchie , fait comme le commandant d'un siége qui souffrirait
l'ennemi dans la place.

(1) C'est l'heureuse expression du Roi, à la nouvelle de l'élection
de M. le général Clausel.

DU DEVOIR POUR LE MINISTÈRE D'IMPOSER SES VOLONTÉS A SES DÉLÉGUÉS DANS LES PARQUETS, SOUS PEINE DE RÉVOCATION.

Le sage ministère de M. de Villèle, succédant à un ministère semi-révolutionnaire, qui avait placé dans les parquets de justice des hommes faits à son image, se trouva naturellement dans l'obligation d'adopter, à l'égard des avocats du Roi, une règle que le nouveau ministère, qui se trouve, jusqu'à un certain point, dans le même cas que l'ancien, va, de rechef, se trouver forcé de reproduire, si, n'osant instituer un Conseil de la presse (*), il persiste à soumettre, de nouveau, à la magistrature, la question du salut de l'Etat.

(*) Le rétablissement des *Cours prévôtales*, bien qu'évidemment constitutionnels, puisque l'art. 63 de la Charte le permet formellement, et que l'art. 14 le suppose essentiellement, ne nous paraît pas nécessaire, comme il l'a paru à la *Gazette de France*. Mais nous affirmons qu'il le deviendrait, si on ne met pas, incessamment, un terme aux excitations formelles de tous les journaux à la guerre civile. — Lorsqu'on ne veut pas *prévenir*, il faut *réprimer*. — Si les royalistes se refusent à réprimer les séditieux, *il faut* (terrible *il faut*! disait Bossuet), qu'ils attendent à se voir réprimés eux-mêmes. — *Il faut* que le royalisme, et par conséquent les royalistes et les rois, triomphent, ou que la révolution et par conséquent les révolutionnaires, dans quelque administration qu'ils soient, soient triomphants eux-mêmes. — Point de milieu.

Nous voulons parler de la théorie ministérielle, qui a paru neuve autant qu'illégale, et qui consisterait à reconnaître aux ministres le droit de prescrire des discours aux *gens du Roi* dans les tribunaux, en même temps que des votes aux fonctionnaires du Roi dans les colléges électoraux.

Les officiers du ministère public forment un *corps hiérarchique*, c'est-à-dire, une réunion sous la direction d'un chef, à la fois : 1° dans chaque tribunal de 1re instance; 2° dans chaque cour royale ; 3° dans l'Etat tout entier. C'est le *procureur du Roi* qui est le chef dans le tribunal, le *procureur général* du Roi dans la cour, le *Garde des sceaux* dans l'État.

Cette hiérarchie, qui existe dans le ministère public, ne lui est point particulière. Elle se trouve dans toutes les branches de l'administration générale; et, sans elle, le gouvernement est impossible. Partout où il y a *deux* hommes seulement nécessaires, *un* chef est nécessaire aussi. Le cœur humain ne souffre pas plus d'*égalité* que la nature.

Cela posé, l'officier d'un *parquet* a, tous les jours, et ne saurait avoir autre chose, deux sortes de *réquisitoires* à faire, ou de *conclusions* à donner : il demande l'accusation, ou la mise en liberté, d'un citoyen, sa condamnation à telle ou telle peine, ou son acquittement.

Et cela est vrai des affaires civiles, aussi bien que des criminelles; car, même dans les affaires civiles, il y a presque toujours mauvaise foi ou ignorance grossière d'un côté, et souvent des deux côtés : c'est-à-dire, délit ; et c'est même là-dessus que la condamnation aux dépens est fondée.

Or, il y a, dans toute accusation, dans toute défense, dans tout réquisitoire de condamnation ou d'absolution , deux choses très-distinctes ; et c'est ici qu'il faut s'arrêter, car c'est le point important où se trouve la cause de la difficulté qu'on a faite , et le moyen aussi de la résoudre :

Il faut distinguer, d'une part, l'accusation ou la défense, les conclusions de condamnation ou d'acquittement, *en elles-mêmes;* et d'autre part, *leurs formes*, le nombre, la façon et la nature des arguments et des preuves dont elles se composent.

La première de ces choses peut se déléguer, se prescrire, s'imposer même, parce qu'elle consiste dans un *fait*, que tous les esprits, quelles que soient leurs opinions, peuvent concevoir et exécuter : le substitut qui s'y refuserait s'érigerait en procureur général.

La seconde chose qui, au contraire, dépend essentiellement de l'homme, du caractère de son esprit et de ses opinions, ne saurait s'imposer sans tyrannie, et même sans puérilité.

Et c'est aussi ce qui se pratique tous les jours, ce qui fut sans cesse pratiqué, et ce qui se pratiquera toujours; ce qui ne souffre pas plus de difficulté de la part du chef que de celle du subordonné: sans cela , comment l'administration de la justice serait-elle possible ?

Elle demande les travaux réunis d'un certain nombre d'officiers : le chef en serait réduit à ses propres travaux s'il ne pouvait pas prescrire, efficacement, la partie fondamentale des devoirs de ses auxiliaires.

Comment se fait-il donc qu'on se soit mis dans la tête que c'était au Garde des sceaux, aujourd'hui ministre de l'intérieur, qu'on était redevable d'une théorie aussi vieille que la magistrature, aussi nécessaire que la justice, aussi incontestable que le sens commun ? le voici, car il ne saurait y avoir de vérité embrouillée, que par le fait de l'insuffisance de celui qui la défend.

En général, la magistrature actuelle, même dans le ministère public, l'ancienne, celle qui a dirigé la jeune, celle qui a de l'importance, on ne saurait se le dissimuler, a pu être avancée, mais elle n'a pas été instituée, par le ministère royaliste de 1821, par les véritables gens du Roi. Elle l'a été surtout par le premier ministère postérieur à la seconde restauration, c'est-à-dire, par un ministère qui devait nécessairement *tenir* des gens de l'Empire et de la révolution ; car, dans notre siècle, alors même que nous sommes le plus fanfarons de pouvoir absolu, nous nous imaginons ne pouvoir le bien que par degrés. Ne portons-nous pas la faiblesse jusqu'à regarder comme impossible de faire succéder le règne des bons à celui des méchants, sans le moyen provisoire de ceux-ci !

Qu'est-il arrivé de là ?

Lorsqu'en conséquence du retour inévitable de l'ordre, qui s'opère par la seule force de la nature, et malgré les obstacles que nous y mettons, on a senti la nécessité de prévenir ou de punir certains délits, ou certains crimes (qui même étaient en partie le résultat du mal que nous venons de signaler) , jusque là restés impunis , et peut-être inaperçus....., Les procureurs-généraux , en général mieux choisis , et le Garde des sceaux plus particulièrement, parce que les premières autorités, alors même qu'elles sont le moins fortes, sentent mieux le bien, puisqu'il leur est plus souvent et plus instamment représenté,... ont dû trouver des auxiliaires mal disposés , et même récalcitrants.

Et depuis quand aurait-on vu l'autorité supérieure , arrêtée dans sa marche légale , dans sa puissance pour le bien, et quelquefois méprisée et paralysée, souffrir patiemment la loi de ses délégués et même de ses créatures ?

Il est donc, quelquefois, naturellement arrivé que des *ordres* de poursuite et de condamnation ont été donnés par le ministère , ou par les chefs du parquet, à leurs substituts, par le ministère à *ses gens* (*) , et qu'au refus d'obéir, il les a censurés ou destitués.

La justice qui devait être rendue dès la première restauration , par la non-institution du fonctionnaire , se *rend* par sa révocation ; et, quoique tardivement et violemment , tout rentre dans l'ordre.

Nous admettons , contre notre opinion et contre les

(*) Et quel mal encore, quand il arriverait au Garde des sceaux de France de réveiller le zèle de la magistrature inamovible dans quelques *graves circonstances* ! En pareil cas, et alors même qu'il trouverait la sollicitude indiscrète, un magistrat respectueux, et qui préfère aux jeux de mots la justice, sait *rendre des arrêts* sans cesser de *rendre des services.*

principes de la matière, que le chef du parquet ou le ministère n'ait pas le droit de prescrire directement des conclusions à ses subordonnés, (et il paraît même avéré que ce droit n'a jamais été formellement exercé), le droit de la souveraineté du ministère, celui de destituer son délégué dont l'opinion a été contraire à la sienne, ne se retrouve pas moins dans son intégrité.

Le ministère a laissé un fonctionnaire du parquet exercer librement son action dans une affaire, donner ses motifs et ses conclusions comme il l'a voulu.

Cette action est consommée.

Empêcherez-vous le ministère de jeter alors ses regards sur l'action de *son* homme, de voir si elle décèle, dans son auteur, de mauvaises dispositions morales ou politiques, des vues indociles, et même des arrière-pensées perfides ; de jeter, à cette occasion, les yeux sur la conduite ancienne du fonctionnaire, de le juger enfin, et de le destituer ?

A cela, que pourrait dire, après tout, le substitut ou le procureur-général, c'est-à-dire, un substitut du Garde des sceaux ? Il l'eût fait, ministre !

DU DEVOIR POUR LE MINISTÈRE D'IMPOSER DES VOTES A SES DÉLÉGUÉS EN GÉNÉRAL, SOUS PEINE DE RÉVOCATION (*).

La discussion du droit pour le Ministère de prescrire des *conclusions* à ses délégués, a mis sur la voie de la discussion de son droit, ou plutôt de son devoir, de leur prescrire des *votes*.

Mon Roi m'a choisi pour ministre. Il m'a autorisé à convoquer une chambre de députés royalistes, le plus possible apparemment; car le suicide, que je sache, est encore moins permis dans le pouvoir que dans l'homme.

J'ai élevé des *particuliers*, auxquels je ne devais rien, au rang des fonctionnaires publics; je leur ai procuré des honneurs et des traitements : par là, je les ai mis sur la voie de toutes les grandeurs, sans excepter la mienne. Si je n'ai fait que les trouver en place à mon arrivée au ministère et les y maintenir, je n'ai pas moins fait pour eux : laisser ce qu'on a le droit d'ôter, c'est l'équivalent de donner.

(*) Tout ce que nous allons dire du devoir des Ministres dans les colléges électoraux, s'applique, à plus forte raison, à leurs devoirs dans les chambres, dans leurs rapports avec les députés fonctionnaires.

Ces individus sont électeurs.

Lorsque le moment est venu d'avoir besoin, je ne dirai pas de leur fortune, mais de leur *voix*, c'est-à-dire de ce qui coûte le moins à l'homme, pour donner au Roi, leur bienfaiteur, et à moi-même, des députés qui l'aiment, disposés à l'éclairer de leurs lumières, à l'aider de leur sagesse, à l'assister de leur courage : ne serait-il pas contre la nature que je ne pusse offrir de tels choix à leurs lumières, et, en cas de résistance, leur retirer les faveurs que je leur ai données ?

C'est donc avec beaucoup de raison que, dans une mémorable et courageuse circulaire du 21 janvier 1824 (*), Mgr. le Garde des sceaux de cette époque a proclamé : « Le Gouvernement ne confère les emplois publics qu'afin qu'on le serve et qu'on le seconde. Quiconque accepte un emploi contracte, en même temps, l'obligation de consacrer au service du Gouvernement ses efforts, son talent et son influence. C'est un *contrat* dont la réciprocité est le lien.... Si le fonctionnaire refuse au Gouvernement les services qu'il attend de lui, il trahit sa foi, et rompt violemment le pacte dont l'emploi qu'il a accepté avait été l'objet ou la condition. C'est la plus certaine et la plus irrévocable des abdications : le Gouvernement ne doit plus *rien* à celui qui ne lui rend pas *tout* ce qu'il lui doit, etc... » (**).

(*) La date est mémorable : cette circulaire est rapportée dans *le Constitutionnel* du 29.

(**) Les deux plus sages, et par conséquent les deux plus hardis

Mais, a-t-on dit, vous placez le fonctionnaire entre son intérêt de garder sa place et le devoir où il croit être de donner sa voix à un autre candidat que celui du Ministère; vous le mettez dans le cas de l'égoïsme, ou dans celui de l'hypocrisie. Un fonctionnaire n'est plus, dans vos mains, qu'un instrument aveugle, que vous faites agir au gré de vos volontés. Vous dégradez ainsi, dans l'opinion publique, des hommes qui n'ont de puissance que par la considération (*).

des directeurs-généraux, M. de Vaulchier et M. de Suleau, avaient bien le droit de demander à leurs délégués respectifs, l'un une *obéissance absolue*, l'autre un *devouement sans bornes* : ils ont commencé, eux-mêmes, par réaliser ce devoir envers le Roi.

(*) C'est le résumé d'un discours de rentrée, prononcé à Rouen par un procureur-général ingrat, et rapporté dans le *Constitutionnel* du 6 novembre 1824.

« Le magistrat est placé entre les passions d'autrui et sa propre faiblesse; et quand il a eu la force d'en triompher, il reste un dernier moyen de le vaincre, qui est de mettre son *intérêt aux prises avec son devoir....* Le ministre des lois consentira-t-il à *avilir l'autorité* qui lui est confiée et à la ruiner en se faisant un *instrument d'iniquité* et d'oppression....? Voudra-t-il acheter, au prix d'une *éternelle infamie,* la faveur ou la sécurité d'un jour?.... Il gémira de vivre en ces *temps de délire* où l'on ne saurait être juste *impunément*, où les actions *généreuses* s'expient comme des crimes..... *Aucune* puissance sur la terre ne doit nous déterminer à parler contre notre conviction, ou à juger contre notre conscience.... **De** quelque prétexte qu'on colore en France la *partialité*, elle y est odieuse, etc., etc. »

Ce discours du procureur-général n'eût été, tout au plus, juste et courageux, que dans le cas où le Ministère eût été mauvais; et le Ministère (qui par parenthèse, avait élevé le procureur-général en question, et avait favorisé, et même fait son élection à la chambre), n'avait pas encore été meilleur depuis la restauration !

En somme, lorsqu'en semblable position, et dans des circon-

Il n'y a pas là un mot qui ne soit un sophisme.

Lorsqu'un homme, et par conséquent un Ministre, fait acte de *droit* et même de *devoir* (et nous avons prouvé qu'ici le ministère ne faisait pas autre chose), s'il pouvait en résulter un mal quelconque, il ne saurait jamais en être responsable : c'est la devise du sage, de *faire son devoir, advienne que pourra.* A peine nous pouvons porter chacun notre fardeau : que serait-ce s'il nous fallait porter celui d'autrui ?

Si l'ordre légitime d'un Ministre place un citoyen entre ses devoirs et ses intérêts, et que le citoyen opte pour ses intérêts, ce n'est pas la faute du ministre, mais celle du citoyen. Et cette option seule suffirait pour prouver que le citoyen, incapable de se conduire, a besoin qu'on lui montre sa route, et même qu'on l'oblige à n'en prendre pas d'autre.

Mais il est bon de sonder l'objection; car elle se réduit, comme toutes les objections faites à la vérité, à une erreur, c'est-à-dire, à rien.

Voilà un fonctionnaire subalterne, qui a voté pour

stances semblables, on prémédite et qu'on prononce de tels discours, ce n'est pas la satire du Ministère qu'on fait, mais celle de la magistrature à laquelle on s'adresse, et surtout la sienne propre. On fait, dans le fond, l'apologie de la révolte, ou, si l'on veut, de l'indépendance absolue du magistrat; et c'est pour cela que l'on reçoit les félicitations du *Constitutionnel.* Cependant, le procureur général de Paris, (qui pourtant ne devait rien au Ministère, lui), faisait l'apologie du *Devoir,* et son premier procureur du Roi, aujourd'ui son successeur, faisait l'éloge de la *Persévérance !* — Les feuilles libérales aussi ne les ont pas prônés.

un candidat ministériel aux élections dernières. Vous prétendez que le ministère l'a placé entre ses intérêts et ses devoirs, et qu'il a préféré ses intérêts : qu'en savez-vous, je vous le demande ? le fonctionnaire qui vous le dirait, justifierait, par sa lâcheté, la domination dont il a été le sujet.

Le cœur d'un homme est chose mystérieuse pour tout le monde : comment ne le serait-elle pas ? elle l'est pour lui même. Tel individu que vous croyez jacobin aujourd'hui, peut se trouver royaliste demain. Celui que vous croyez libéral, c'est-à-dire royaliste à moitié, peut, bien plus aisément, se trouver tout entier royaliste.

Ce n'est pas tout :

Il y a tel libéral très-décidé (nous en connaissons de la sorte, et tout le monde en connaît), qui, par mille considérations particulières, pour une, va, inconséquemment, contradictoirement, et pourtant très-volontairement, donner sa voix à ce qu'on appelle un *congréganiste*!

Ce qui est vrai d'un simple citoyen, l'est encore bien autrement d'un fonctionnaire public. Il y a, quoi qu'on puisse en dire, dans le fond du cœur, une extrême disposition de reconnaissance, d'affection, de respect, pour ses *maîtres* et pour ses bienfaiteurs : (il n'y a que nos *égaux* que nous n'aimions pas). Il faudrait n'avoir point d'yeux, ou de bonne foi, pour ne voir pas, dans l'ensemble des fonctionnaires publics, des milliers d'hommes, autrefois impies, libéraux ensuite, hypocrites (*) aujourd'hui , royalistes et même dévots. Les hommes superficiels, étrangers à la théorie de l'homme et de la société, prennent cela pour de l'inconséquence, ou même pour de l'hypocrisie ; les autres savent que c'est tout simplement de l'obéissance : tant il est vrai que nous sommes, tous, portés à la sujétion , et que, dans la société, pour que tout le monde devienne éclairé et bon , il suffit au pouvoir de l'être ! C'est ici le cas, et nous éprouvons le besoin de le dire : il ne faut point de nombreuses destitutions, et, peut-être, n'en faudrait-il pas du tout. Le fonctionnaire destitué, même justement, devient, en général , un sujet mauvais , un ennemi irréconciliable ; celui qui se voit maintenu par un pouvoir obligé en apparence à le rejeter, se sent excité, par la générosité , à la reconnaissance. Autant que possible , laissons les hommes ; ne troublons, ne déplaçons, que les erreurs et les défauts.

Cela donné , seroit-il permis, à qui que ce soit, lorsqu'un fonctionnaire public a donné sa voix à un candidat ministériel, de prétendre que ce fonctionnaire n'a voté que par influence, et même par force ?

______

(*) L'*hypocrisie*, contre laquelle les esprits superficiels crient si fort, n'est un mal que pour l'homme qui en est affecté ; elle est un bien pour tous les autres : c'est un *hommage* public que le *vice rend à la vertu*. Les bons exemples, et surtout peut-être ceux donnés par les méchants, ne sont jamais sans importance. Il faut remarquer aussi que l'hypocrisie n'est jamais le vice ou le signe des temps de décadence ou de révolution : c'est celui des bons temps. Il existait sous Louis XIV, et c'est pour cela que Molière l'a joué. Il reparaît sous son petit-fils. On le joue, et l'*on redemande la pièce ;* il faut nous en féliciter.

Alors, ce ne serait pas le ministère qu'on accuserait de violence, mais les fonctionnaires publics, qu'on s'exposerait à calomnier.

Et quel mal, quand un fonctionnaire *agirait au gré des volontés d'un Ministre* (on suppose que les votes prescrits par le Ministère étaient raisonnables (*)) ? ne vaut-il pas mieux obtenir le bien *par ordre*, et avec la possibilité d'une hypocrisie, que de n'avoir que le mal par tolérance ? Y a-t-il au monde un homme qui, dans une situation quelconque, lorsqu'il se croit le plus libre de sa propre volonté, *n'agisse au gré de celles des autres* ? Et le Ministère d'un Roi de France, de Louis XVIII ou de Charles X; qui travaille chaque jour avec lui, qui en réfléchit chaque jour les volontés

______

(*) Et, entre nous, trouverait-on, dans les 5oo *candidats du Roi*, au 8 *août*, au 19 *mai*, ou au 23 *juin*, un *seul* homme, auquel le libéral le plus prévenu ne s'honorerait pas de confier ses plus chers intérêts *personnels* ? — Les intérêts *publics* (c'est-à-dire les intérêts qui ne lui sont pas très à cœur), sont donc les seuls que le libéral ne voudrait pas confier au candidat royal ? — Toujours est-il que l'électeur du Roi peut bien ne pas avoir d'horreur pour ce candidat. — Si les électeurs, même libéraux, savaient le fonds des choses, et tout entière la vérité, ils sauraient que les plus exaltés des prétendus royalistes ne sont guère moins libéraux que les libéraux proprement dits. Quant à nous, qui avons peut-être beaucoup plus vu le plus grand et le plus petit monde, qu'étudié les livres, nous ne faisons pas difficulté de déclarer, que nous avons, dans la société de notre temps, trouvé la plupart des hommes *égaux*, c'est-à-dire faibles, intéressés, libéraux. Et, pour employer une façon de parler moins désolante, nous pouvons dire, de notre époque, ce que le Roi régnant disait de l'autre : « *Nous avons tous été coupables, et personne ne l'a été !* » Cette belle clémence, cette noble profession de foi d'égalité de la part du Roi, est une raison de plus de lui donner les députés qu'il a demandés.

et la sagesse, n'aurait-il pas quelque droit à avoir *lui-même* des volontés, à les prescrire, à former celles des autres? Pour nous, qui savons quelle est, et surtout ce que doit être l'autorité, nous croyons, et nous ne craignons pas de dire, qu'elle a ce droit, plus que nul autre, et que même elle devrait l'avoir toute seule.

Du reste, ce n'est pas *l'obéissance* de l'homme à ses supérieurs qui peut jamais lui faire perdre la considération dont il a besoin, et le dégrader aux yeux de ses concitoyens : il n'y a que *l'indépendance* qui entraîne avec elle cette calamité et toutes les autres. Il est temps de le dire, et c'est aussi Dieu lui-même qui le dit : « IL FAUT SERVIR L'ÉTAT COMME LE ROI L'ENTEND » (*).

Nous devons, en conscience, le servir de cette façon, le Roi, lorsque nous n'avons reçu de lui que la garantie de nos libertés communes. Nous le devons, en conscience, surtout, lorsqu'outre ces bienfaits ordinaires dont nous oublions la source, nous en avons reçu, directement ou indirectement, par nous, par notre famille, par nos amis, des titres, des pensions, des

---

(*) C'est le *titre* d'une *proposition* de Bossuet dans sa *Politique* SAINTE, qui vaut bien l'autre. Au beau siècle de la France, on devait porter jusqu'à l'excès *l'obéissance*. Louis XIV avait ordonné de démolir un monastère magnifique, qui avait été condamné dans le conseil de guerre. « J'ai l'ordre de démolir, et je démolirai, dit l'officier-général ; *si le Roi m'ordonnait de tirer sur le Saint-Sacrement, j'obéirais.* » — C'était évidemment une façon de parler ; elle suffirait seule pour faire admirer le Roi et les *gens du Roi* de cette époque, que Voltaire lui-même appelait : « *L'éternel honneur de l'esprit humain.* »

places, des dignités, en un mot des priviléges, que tant d'autres n'ont point, et qu'ils seraient fiers de partager avec nous ! *Donner* à son Roi, comme donner à son père, c'est *rendre.*

« Les bienfaits, dit Bacon, nous lient plus étroitement que les devoirs mêmes : et ceux qui sont ingrats, sont injustes; ils sont tout.» Leurs contemporains les flétrissent, aussi bien que la postérité : les frères *Lameth,* (le dernier est le 221ᵉ des députés ennemis du Roi!) furent, tout de suite, surnommés, à jamais, *les ingrats* (*).

Voilà ce que dit la sagesse;

Voici ce qu'on trouve dans la loi :

« Au Roi seul appartient la puissance *exécutive* » (Art. 13 de la *Charte*), c'est-à-dire, la puissance d'instituer les fonctionnaires qui *exécutent*, de donner les pensions, les titres, la noblesse, etc., qui facilitent *l'exécution.*

« *Le Roi* est le chef suprême de l'État» (Art. 14), c'est-à-dire, et surtout, *le chef* de tous les fonctionnaires, et de tous les privilégiés.

« *Il* nomme *à tous* les *emplois d'administration publique*» (Ibid.).

« *Il* nomme, et il institue, les *juges*» (Art. 57).

D'où il suit (ou il ne saurait y avoir un principe et une conséquence dans le monde) :

Que les devoirs des *employés* de la dernière *administration*, aussi bien que les premiers Ministres, sont essentiellement les fonctionnaires *du Roi*, *ses* hommes,

____

(*) Voyez toutes les *Biographies.*

ses *gens* (comme on dit des officiers des parquets des tribunaux); qu'ils *représentent* le Roi (*); qu'ils sont essentiellement à ses ordres; qu'ils doivent, en tout ce qui est, nous ne dirons pas de leurs fonctions proprement dites, mais des fonctions et de l'*administration publiques*, faire tout ce qu'il plaît au Roi, c'est-à-dire à *ses* Ministres, de leur demander : c'est la condition naturelle, et par conséquent formelle, légale, constitutionnelle, de leur institution s'ils sont fonctionnaires, de leurs brevets s'ils sont pensionnaires ou dotés de titres honorifiques.

S'il leur arrive de méconnaître cette *condition, sine quâ non*, du pacte passé entre le Roi et eux, ils sont censés renoncer aux avantages qui résultent pour eux de ce pacte.

Ainsi donc, les favorisés, ou les favoris, du Roi, qui, dans les élections, ne se dévoueraient pas tout entiers au Roi, ne sont pas seulement ingrats envers leur bienfaiteur :

Ils sont encore, légalement, infidèles à leurs promesses,

Parjures même à leurs sermens.....

Ils ont blessé, du même coup, et du même vote électoral, la patrie, le Ministère, le Roi, leur conscience et Dieu !!!

Il faut que le caractère d'*électeurs du Roi*, soit bien essentiellement attaché au caractère de fonctionnaires

______

(*) « *A principe exeunt omnes dignitates ut à sole radiis.* » (Cassiodore, Epîtres.) — Cassiodore fut Ministre.

du Roi : on peut dire que c'est sur cette identité que repose la terrible *responsabilité des Ministres*, dont la charte paraît faire un principe, et dont nous voudrions faire une sorte de *dogme* constitutionnel ! Et, dans le fait, ne serait-ce pas une injustice, une inhumanité, une cruauté, une perfidie et une lâcheté à la fois, que d'imputer, tous les jours, à un Ministre personnellement, exclusivement, de lui imputer, à chacun de ses actes, à chacune de ses *concessions*, à chacune même de ses *inactions*, un crime d'État ; de le menacer, perpétuellement, de poursuite, de jugements, de déshonneur, et même de mort ; de réaliser cette menace, plus ou moins, et autant qu'il est en soi (*);.. et toutefois, par une contradiction manifeste, de lui ôter tous ses moyens de préservation et de défense, de l'*isoler* de tous les hommes qu'il a choisis, qu'il a gratifiés de ses faveurs, avec lesquels il a partagé le Gouvernement, (qu'il aurait le droit d'exercer seul, si, seul, il pouvait physiquement l'exercer); de le laisser enfin, tout seul, devant les ennemis de l'État ; et de l'y laisser dans la circonstance la plus grave, et la plus décisive qui puisse jamais se présenter : dans les élections générales ! ! !

Nous pouvons à présent le dire :

Si jamais *devoir* a existé, pour un Ministre, dans un Gouvernement généreux, c'est-à-dire, dans un Gouver-

---

(*) La chambre de 1828 à 1830 a tenté, à trois reprises, de poursuivre le ministère de M. de Villèle, comme traître envers l'Etat ; et M. de Montlosier, entre mille autres, a déclaré que, s'il était le juge de cet homme d'Etat, il n'hésiterait point, *en conscience*, à le condamner..... à mort ! ! !

nement représentatif, c'est le devoir de demander, de prescrire, d'imposer, s'il le faut, des votes et des services aux fonctionnaires de son département;

Si jamais *devoir* encore a existé pour un Ministre, c'est de punir, autant qu'il est en lui, l'ingratitude de ses délégués, qui refusent de lui obéir, et surtout qui ne craignent point d'être les esclaves de ses ennemis; c'est de les punir, en leur ôtant les emplois ou les grâces dont ils se sont rendus indignes.

Si l'on pouvoit supposer une société moins affaiblie, et une *justice* plus *juste*, le devoir du Gouvernement ne consisterait pas seulement dans une *non-récompense* de l'électeur jacobin, elle consisterait encore, elle consisterait surtout, dans son *châtiment*; et le premier de tous, serait sa radiation, à jamais, des listes électorales.

L'histoire d'un devoir est aussi une de ses preuves; et il est de fait, pour les hommes de cette époque qui existent encore, et même pour ceux qui n'ont pas craint d'étudier la misérable histoire de ces temps-là, que, depuis 1789, date des premières élections françaises jusqu'à ce jour, les élections furent, sans cesse, ce que le Ministère ou le parti sous lesquels elles ont eu lieu, ont voulu qu'elles fussent; et que, pour cela, ceux-ci n'ont jamais cessé d'imposer des votes à leurs fonctionnaires, sous peine de destitutions, et de prononcer, en fait, ces destitutions (*).

(*) *Louis XVIII*, dans sa *Proclamation* du 23 octobre 1820 : « Ecartez des nobles fonctions de députés les fauteurs de troubles, les artisans de discordes, les propagateurs de défiance contre *mon Gouver-*

Les libéraux du *comité-directeur* sentent-ils, moins que les Ministres de Charles X, le besoin d'avoir des volontés pour les prescrire? Emploient-ils moins qu'eux les *Instructions*, les promesses et les menaces, les ré-

nement, ma famille et moi. » — Il était courageux et noble à Louis XVIII de placer son *Gouvernement* au-dessus *de lui-même*.

M. Necker : « JE ME CONTENTAI, avec les ministres du Roi, d'écrire aux hommes en autorité dans les provinces, de diriger, selon leur pouvoir, le choix du peuple vers les gens de bien. » (*Sur son administration*, pag. 238.)

M. Decazes, dans son Instruction *ad hoc*, adressée de Paris, le 12 septembre 1816, à tous les fonctionnaires du royaume : « Sous le rapport des élections, CE QUE LE ROI VEUT, SES MANDATAIRES DOIVENT LE VOULOIR ; il ne faut que des députés dont les intentions soient de MARCHER AVEC LE ROI, avec la charte et avec la nation ; les individus qui ne possèdent pas ces principes tutélaires ne doivent pas être désignés par les autorités locales. Sa Majesté attend des préfets qu'ils dirigent *tous* leurs efforts pour *éloigner des élections* LES ENNEMIS DU TRÔNE ET DE LA LÉGITIMITÉ, qui voudraient renverser l'un, et écarter l'autre, et les *amis insensés qui l'ébranleraient en voulant le* SERVIR AUTREMENT QUE LE ROI VEUT L'ÊTRE » (1).

M. Molé : « Il est NÉCESSAIRE d'armer le Gouvernement d'une certaine force, et que son influence se fasse sentir dans les élections. IL FAUT qu'il puisse triompher de l'intrigue. » (Opinion sur la loi d'élections de 1816.)

M. de Martignac : « Nous l'avons déclaré, et nous le déclarons encore : le Gouvernement DOIT exercer sur les élections une influence préservatrice, pour *balancer* celle qu'on peut exercer à son préjudice; il ne pourrait, sans manquer A SON PREMIER DEVOIR, se livrer, muet et DÉSARMÉ, à l'action toujours vive et pressante de ses ENNEMIS. » (Séance du 25 mars 1828.)

Le *Journal des Débats :* « On a eu la *bonhomie* de faire un crime au ministère de l'influence qu'il a exercée dans les élections ; mais cette influence a été franche, ouverte, directe : le ministère l'a-

(1) Ce dernier avis s'applique aujourd'hui, et merveilleusement, à plusieurs sortes d'amis du Roi.

compenses et les châtiments, pour obtenir, et même pour acheter, des votes d'une autre nature? Les droits politiques sont, avouons-le, d'une nature singulière : on ne les nie, on ne les combat jamais, que pour se les arroger (*) !

voue et s'en glorifie. Il n'a pas la pusillanimité de méconnaître son ouvrage ; il déclare qu'il suivra constamment le même plan ; *qu'il ne regardera comme dignes de la confiance du Gouvernement que ceux qui se réuniront à lui dans une communauté de suffrages et d'action.* Puisque la candidature est publique, *le Gouvernement exige, des hommes qu'il salarie et qu'il emploie, l'engagement de se réunir sur les candidats royalistes.* Ce n'est pas là, ce me semble, un signe de faiblesse et de timidité ; c'est la vigilance des premiers dépositaires du *pouvoir qui écartent l'ennemi*, et qui appellent le concours des sincères amis de la Charte et du Roi. » — (5 octobre 1822.)

(*) « Les élections de *Paris* sont, et seront toujours sous la direction des banquiers. » (M. Fiévée, *sur les élections de* 1819.)

Celles des grandes villes de *province* sont sous la direction des mêmes hommes. Celles des petites villes y sont encore. Les meneurs peuvent changer de nom, de formes ; ils ne changent jamais de nature et d'action. Il n'y a, en fait d'élections, de différence entre Paris et les provinces, entre les grandes villes et les villes ordinaires, que la différence, qui n'en est pas une, celle du plus au moins. Les banquiers, naturellement bourgeois, les riches négociants, retirés, et qui, mécontents de l'or, du luxe et des libertés naturelles, dont ils ont éprouvé la vanité pour le bonheur, cherchent naturellement les honneurs et le pouvoir, dont ils ne connaissent point encore la vanité, et qu'ils s'imaginent pouvoir les satisfaire. Dans cette vue, ils se sont faits les grands électeurs de leurs localités. Le grand *comité-directeur* officiel, qui se compose des savants, des philosophes, des hommes de lettres, ou des hommes de rien, du parti, a commencé par se former sans les hommes d'argent (il est même dirigé, en dernière analyse, contre eux) ; mais il a dû ensuite s'en emparer, et les faire tourner à son profit. En somme, les petits prolétaires *spirituels* feront *toujours* leurs dupes des gros propriétaires, et des financiers les plus habiles. C'est le meilleur avis qu'on peut donner à ceux-ci : la société, *aide-toi, le ciel t'aidera*, n'a garde de le leur donner.

DU DEVOIR DES FONCTIONNAIRES INAMO-
VIBLES.

Nous avons, dans les chapitres précédents, pour établir l'obligation de dévouement des électeurs du Roi , supposé qu'ils étaient amovibles, *ad libitum*. Le devoir est bien autrement étroit , bien plus évidemment sacré, s'ils sont, par le seul fait de leur institution, inamovibles , comme la plupart des juges, des titulaires et des professeurs de l'université.

Ils ont reçu, de la générosité du Roi, ce que le Roi a refusé à tous les autres fonctionnaires ou favorisés du trésor royal , aux conseillers d'Etat , aux directeurs généraux , aux Ministres et à l'armée, aux grands dignitaires de la Couronne, aux ordres les plus éminents de l'État; car la Chambre des Pairs et celle des députés sont heureusement amovibles, l'une par la faculté de la doubler, l'autre par ses renouvellements facultatifs. Ils sont, plus que tous les autres fonctionnaires, les hommes, les créatures du Roi; et ils ne seraient pas , plus que tous, dans le devoir d'être les amis, les serviteurs du Roi ! de lui rendre, si non des *arrêts*, du moins des *services*, dans les élections ! là, du moins, de le *servir comme il l'entend* , d'être attentifs à sa voix, d'avoir un *préjugé* en faveur des candidats qu'il leur fait présenter ! de lui rendre en égards la plus petite partie de ce qu'ils en ont reçu en or ou en dignités ! de trouver enfin royalistes ceux que le Roi, qui doit s'y connaître, a commencé par trouver tels !

Dans le fait, on ne saurait se le dissimuler, la charte royale tout entière semble avoir été octroyée à leur profit, puisqu'auparavant les constitutions impériales leur avaient refusé, et en tout cas, la *volonté de fer* de Bonaparte ne leur laissait pas toujours, l'inamovibilité, que la charte, qui la leur accorde, refuse à tout le monde. Le Roi, qui leur donne, de son libre mouvement, la plus belle, la plus exclusive, de ses prérogatives, ne les soumet à nul *devoir* particulier. La prétendue charge qu'ils ont de rendre la justice, ou de l'enseigner dans l'université, est pour eux la source de nouveaux avantages de fortune ou d'importance ;

Et ils refuseraient le plus léger sacrifice, un sacrifice qui est, de sa nature, profondément honorable : celui de son opinion, sur, pour ou contre, tel ou tel candidat politique, le plus souvent équivoque ! et ils refuseraient ce petit devoir au Souverain qui, dans sa charte tout entière n'a exprimé qu'une fois le mot DEVOIR(*), et encore pour s'en faire l'application !!!

Le devoir des inamovibles est ici d'antant plus *juste*,

(*) Voyez dans le *Préambule* : « La *divine Providence nous a imposé de* GRANDES OBLIGATIONS ; et là, NOUS *avons* DU *nous souvenir que* NOTRE *premier* DEVOIR ENVERS nos peuples; etc. » — C'est la circonstance la plus remarquable, la moins remarquée (elle ne l'a jamais été), la plus caractéristique, et peut-être la plus *terrible*, d'une *charte constitutionnelle*.

d'autant plus délicat, d'autant plus sacré, qu'il ne saurait, *légalement*, être exigé; qu'il peut, impunément, être violé. « O Justice *humaine*, s'écriait l'avocat général Séguier, que de choses il vous manque pour être » juste ! » Il n'oubliait point, il voyait, au contraire, la justice à laquelle rien ne manque, et qui n'est patiente de nos *votes*, comme de nos crimes, que parce qu'elle est éternelle!

ULTIMATUM DES ÉLECTEURS DU ROI.

Mais, dira-t-on, le triomphe des libéraux est certain : rien dans le monde ne saurait empêcher les co-
mités directeurs et les journaux de porter les fruits de
leur activité ; le ministère du 8 *août* de subir les conséquences de son inaction, (car enfin des *promesses* de
circulaires (*) ne sont pas des actes); celui du 19 *mai*
d'encourir celles de son *inertie,* jointe à sa défaveur populaire ? — Ils seront trois contre un de nous ! Que
voulez-vous que nous fassions? — Ecarter, sans examen ,
de prime-abord, les meilleurs d'entre les 221 mauvais (**); écarter , à moins de raisons décisives, les
candidats qui , par les habitudes ou les préjugés natifs
de leur profession , sont naturellement d'autant plus
parleurs qu'ils sont moins éclairés, d'autant plus savans
de lois, qu'ils ignorent plus la justice ; d'autant plus serviles , d'autant plus ambitieux , qu'ils ont d'ordinaire
des fortunes médiocres : les candidats enfin, qui se sont
trouvés à la tête de toutes les révolutions anciennes et
modernes (***) ; écarter en outre, à moins de raisons

(*) Celle du ministre de l'intérieur.

(**) On a rappelé, ou plutot ils ont rappelé pour eux, l'épigraphe :
Aux 221 la patrie reconnaissante. Leur *patrie,* comme celle des
grands hommes de la révolution , c'est le lieu où ils fouleraient aux
pieds les royalistes.

(***) Les avocats : Il faut préférer, par exemple, un négociant, et
surtout un militaire, semi-libéral, à un jurisconsulte prétendu royaliste.

plus décisives encore, les hommes de Paris, c'est-à-dire les hommes de journaux : ils ont, presque toujours, trompé les dupes étrangères qui les ont choisis pour défendre des intérêts qu'ils ignorent. Leur seule élection est un outrage aux provinces : elles sont plus véritablement riches que la capitale (*) , et elles déclarent leur indigence !

Donnons, visiblement, les yeux fermés, notre voix au candidat , même inconnu, du Roi de France , et s'il le faut , donnons la lui toute seule :

« *Dans un noble projet on tombe noblement.* »

L'humiliation de l'amour-propre, la mort elle-même, lorsqu'elles sont le résultat de l'accomplissement d'un devoir, sont des victoires. Il est glorieux, le triomphe de la raison. S'il y a même aux yeux du monde un déshonneur, c'est le triomphe de la force. Et , après tout , la *majorité du Roi*, et même de M. de Polignac, vaut bien la majorité des dupes du *Constitutionnel* et du *comité directeur* !

Mais que les électeurs du Roi ne s'imaginent pas, *sérieusement,* qu'il s'agit pour eux d'être vaincus :

« *Qui veut mourir ou vaincre, est vaincu rarement.* »

(La poésie nous plaît, lorsqu'elle est politique.) Il y a quelquefois, dans la bonté d'une cause, des ressources inattendues (**). D'étranges résultats ont souvent con-

____

(*) « *O fortunatos nimiùm sua si bona nôrint*
. . . . *agricolas!...* (Virgile.)
(**) Le ministère a pu être moins bien attaqué ; il a pu être

fondu les esprits les moins prévoyans. En tout cas, les victoires du libéralisme et celles même de la révolution ne sont point de longue durée : Dieu a inoculé, dans le mal, un principe de destruction qui ne se repose jamais.

Voici des oracles plus sûrs que ceux de la moderne philosophie; ce sont ceux de la logique éternelle : nous en demandons acte aux libéraux, et même aux royalistes dissidens, car ils sont plus libéraux que les libéraux eux-mêmes. Il y a plus de vérités dans les déductions de ce *bon sens*, que l'Évêque *de Meaux* appelait le *maître des affaires*, et qui était aussi son *aigle*, qu'il n'y en a dans toutes les *nouvelles* de la ville et même de la *cour*. Tout ce que nous allons dire, arrivera naturellement, nécessairement, INFAILLIBLEMENT, mot à mot, sous nos yeux, et peut-être incessamment :

Si les électeurs libéraux l'emportent encore une fois, ils ne l'emporteront point une troisième : le nombre *trois* est une sorte de puissance (*).

Si la révolution l'emportait dans les collèges électoraux, elle serait vaincue dans les chambres nouvelles;

Si elle l'emportait dans les chambres nouvelles, elle serait vaincue à côté d'elles;

---

aussi soutenu par le monarque ; il a pu surtout se trouver dans des circonstances, en apparence, moins graves ; mais il n'a jamais été plus compacte, plus capable, et même plus loyal, et obligé enfin à plus d'unité, à un combat plus sérieux de la révolution, qu'il ne l'est depuis le 19 mai. MM. de Polignac et de Bourmont, de Peyronnet et de Montbel, de Ranville et de Chantelauze, Capelle et Dudon, ont fait des preuves de noblesse ou de courage, d'éloquence ou de sagesse, qui ne laissent pas d'embarrasser leurs plus hardis calomniateurs.

(*) Il fait *feu*, dit le proverbe.

Si la monarchie enfin, elle-même, était vaincue dans son sanctuaire, elle triompherait *ailleurs* : elle renaîtrait, comme le phénix, de ses cendres. Rien de ce qui est bienfaisant, rien surtout de ce qui est *nécessaire*, ne saurait périr. La Royauté et le Ministère trouvent, dans leurs humiliations, des forces qu'ils n'avaient point dans leur trophées. Si quelquefois le *pied* d'un Ministre *glisse*, quelquefois il se fortifie, *dans le sang.* La mort des royalistes, comme celle des chrétiens, et par la même raison, est la vie des royalistes !

Il sera éternellement beau, et même utile, d'avoir été royaliste !

Eternellement beau, de l'avoir été toujours, et quand même ; de l'avoir été avec la Royauté, et COMME ELLE !

Eternellement honteux, et funeste, d'avoir été révolutionnaire, alors qu'on eût cru n'être que libéral, et même royaliste ;

Eternellement honteux, et funeste, d'avoir, le 23 juin 1830, donné sa voix à d'autres qu'aux candidats du Roi, ou, si l'on veut, aux candidats de Dieu !

Eternellement funeste, d'en recevoir, ou d'en espérer un moment le prix !

Les électeurs du Roi ont assez beau jeu pour conserver, ou pour reprendre, courage. Les libéraux sont faibles, précisément parce qu'ils sont nombreux. Au contraire, le Roi seul, ainsi que « Dieu, seul est grand, et seul est seul (*). »

Nous n'avons plus qu'un mot à dire, ou plutôt à rappe-

____

(*) Belle *méditation* de M. de Peyronnet, dans l'*Esquisse politique.*

ler, aux *électeurs du Roi*, aux électeurs de la charte, et même aux électeurs de la révolution : « On ne peut servir *à la fois* le Gouvernement du Roi et celui de l'op position (*). »

Celui *qui n'est pas pour moi est contre moi*, dit le Roi des Rois (et Charles X est son lieutenant parmi nous) !

Il n'y a point de milieu : il faut opter entre le système électoral de Robespierre, qui nous a valu la révolution, et celui des plus célèbres royalistes, qui nous garantit la sécurité :

Le Roi Louis XVI avait, d'accord avec M. Necker lui-même, nommé des commissaires, pour diriger un peu les élections : « Ce sont, s'est écrié *M. de Robespierre* (car cet homme commença par être *noble* et même écrivain royaliste, avant d'être *directeur du comité de* mort *générale*), ce sont de *nouveaux instruments* du despotisme ministériel, qui *feront tourner à leur choix les élections*. Le parti aristocratique a encore de grands avantages : il est riche et puissant, soutenu par le parti de l'autorité. On n'a choisi pour ces commissaires que les ennemis de la révolution, des Nobles audacieux, des Prélats faits pour décourager le public. On va jusqu'à dire expressément qu'ils seront éligibles. Voilà un de ces traits qui décèlent le but du gouvernement. Le pouvoir exécutif sort des bornes en prononçant sur le droit d'éligibilité. Je ne sais ce qui doit pa

---

(*) *Circulaire* de M. le prince de Polignac, faisant office de Ministre de la guerre. Les militaires entendront cela, mieux peut-être que tous les autres : ils savent obéir, précisément parce qu'ils savent commander.

raître plus étonnant , ou de l'*audace ministérielle à vio-ler l'autorité nationale* , *ou de votre patience à la souffrir*. Je pense qu'il n'y a pas lieu à délibérer sur la motion du comité de constitution , et que les commissaires doivent sur le champ être révoqués comme inutiles et dangereux (*).

Ecoutons, à présent, les *Maximes* de M. le duc de Lévis, qui était pourtant devenu libéral !

C'est le plus beau des *Testaments* qu'il ait pu faire à son Roi, et même à la France :

» La flatterie séduit le petit nombre de ceux que l'argent ne gagne pas : voilà pourquoi le système des élections , si *spécieux en apparence* , est *ridicule* (**) *au fond*. Lorsque les mœurs sont aussi corrompues qu'elles le sont généralement en Europe , on ne peut l'admettre qu'en restreignant les choix dans la classe des grands propriétaires que l'intérêt personnel rend toujours clair-voyans , et dispense presque de talents , tandis que leurs richesses les mettent au dessus de la corruption. LE SEUL ÉLECTEUR A L'ABRI DE LA CORRUPTION, C'EST LE PRINCE; aussi ses choix valent

(*) La très-longue harangue de M. de Roberspierre , ajoute Malet du Pan dans le *Mercure*, a été interrompue par les murmures échappés à l'impatience et à l'indignation ; cependant il s'est encore étendu sur les *trames* et les *conspirations dont il avait le secret tout seul*, et il a demandé une séance pour les faire connaître à l'assemblée ! ! ! »

(**) En politique, du ridicule à l'horrible il n'y a qu'un pas: voyez, dans la plupart des feuilles libérales des mois de *mai* et de *juin*, et plus particulièrement dans le *National* et le *Temps*, les titres en majuscules , et l'un à côté de l'autre : d'*Elections* et d'*Incendies* ! Elles ont commencé en Normandie, et puis en Bretagne; elles se sont montrées dans l'Auxerrois; elles ont déjà failli embraser, dans la même

presque toujours mieux que ceux du peuple, encore plus facile à tromper qu'un individu. Lorsqu'on apporta la liste des députés aux états-généraux à Louis XVI, il s'écria : « Qu'aurait-on dit de nous, si nous eussions fait de pareils choix ? »

semaine, le lieu où gisent les anciens rois, et celui où les nouveaux reçoivent des fêtes (1). C'est là, en dernière analyse, les *progrès des lumières* selon le *Temps* et selon la *Charte*, telle que la font les révolutionnaires.

(1) Saint-Denis et le Palais-Royal ! ! !

SOMMAIRE DES SUJETS.

   (Appréciation du *Ministère du* 19 *mai* (note de la pag. 51). — Prédictions politiques, pag. 52. — Beau jugement de M. le duc de Lévis, sur les élections et les devoirs de 183o, pag. 55.)

FIN DE LA TABLE.